POESIA DA MINHA CASA

IVO MINKOVICIUS

POESIA DA MINHA CASA

Título original: **POESIA DA MINHA CASA**
2ª edição
2019 © Ivo Minkovicius
2019 © Editora de Cultura

Todos os direitos desta edição reservados
EDITORA DE CULTURA LTDA.
Rua Pirajá, 1.117
CEP 03190-170 – São Paulo – SP
Fone: (55 11) 2894-5100
atendimento@editoradecultura.com.br
www.editoradecultura.com.br

Direção editorial
Mirian Paglia Costa

Direção de infantojuvenis
Helena Maria Alves

Projeto gráfico, diagramação e capa
Dagui Design

Preparação e revisão
Pagliacosta Editorial

Edição conforme o Novo Acordo Ortográfico da Língua Portuguesa

Impresso no Brasil / *Printed in Brazil*

Dados Internacionais de Catalogação na Publicação (CIP)
(Elaboração: Aglaé de Lima Fierli, CRB-9/412)

M622p Minkovicius, Ivo, 1965-
Poesia da minha casa / Ivo Minkovicius-
São Paulo: Editora de Cultura, 2019.
28p.: il.; 20,5 cm x 27,0 cm.

ISBN: 978-85-293-0202-7

1. Literatura infantojuvenil brasileira.
2. Poesia infantojuvenil. I. Título.

CDD 808.899282

Índice para Catálogo Sistemático

Literatura infantojuvenil brasileira	028.5
Poesia: Literatura infantojuvenil brasileira	028.5

A todos os meus amigos,
principalmente àqueles
que sempre vêm aqui em casa
para almoçar comigo.

UM GATO

Um gato de olhar constante
olha a todo instante
algo intrigante.
Parece importante.

Um gato de olhar distante
olha na direção da estante
algo intrigante.
Parece importante.

Um gato de olhar hipnotizante
olha cortante
algo intrigante.
Parece importante.

Um gato de olhar cativante
olha penetrante
algo intrigante.
É importante!
Uma mosca na estante.

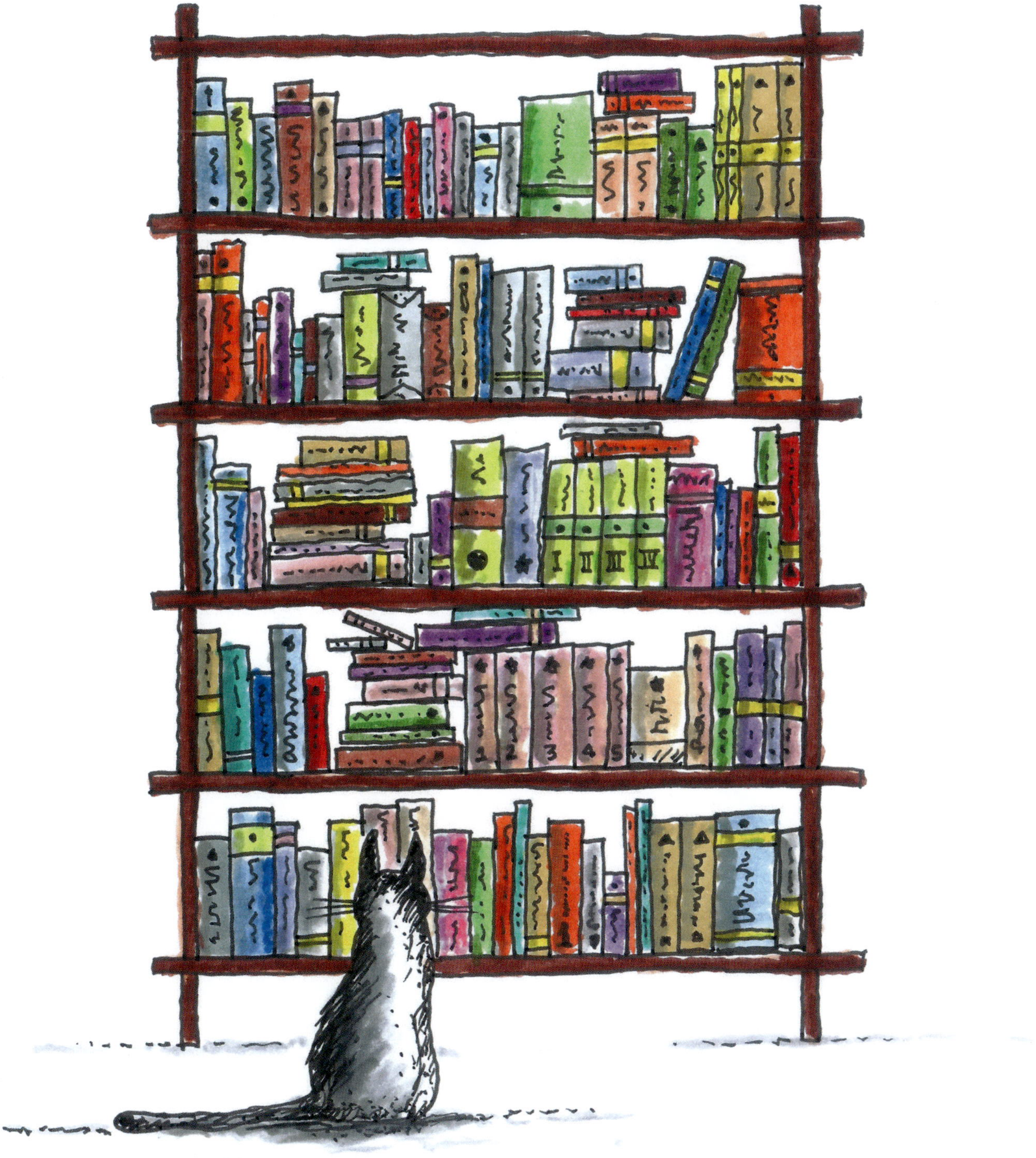

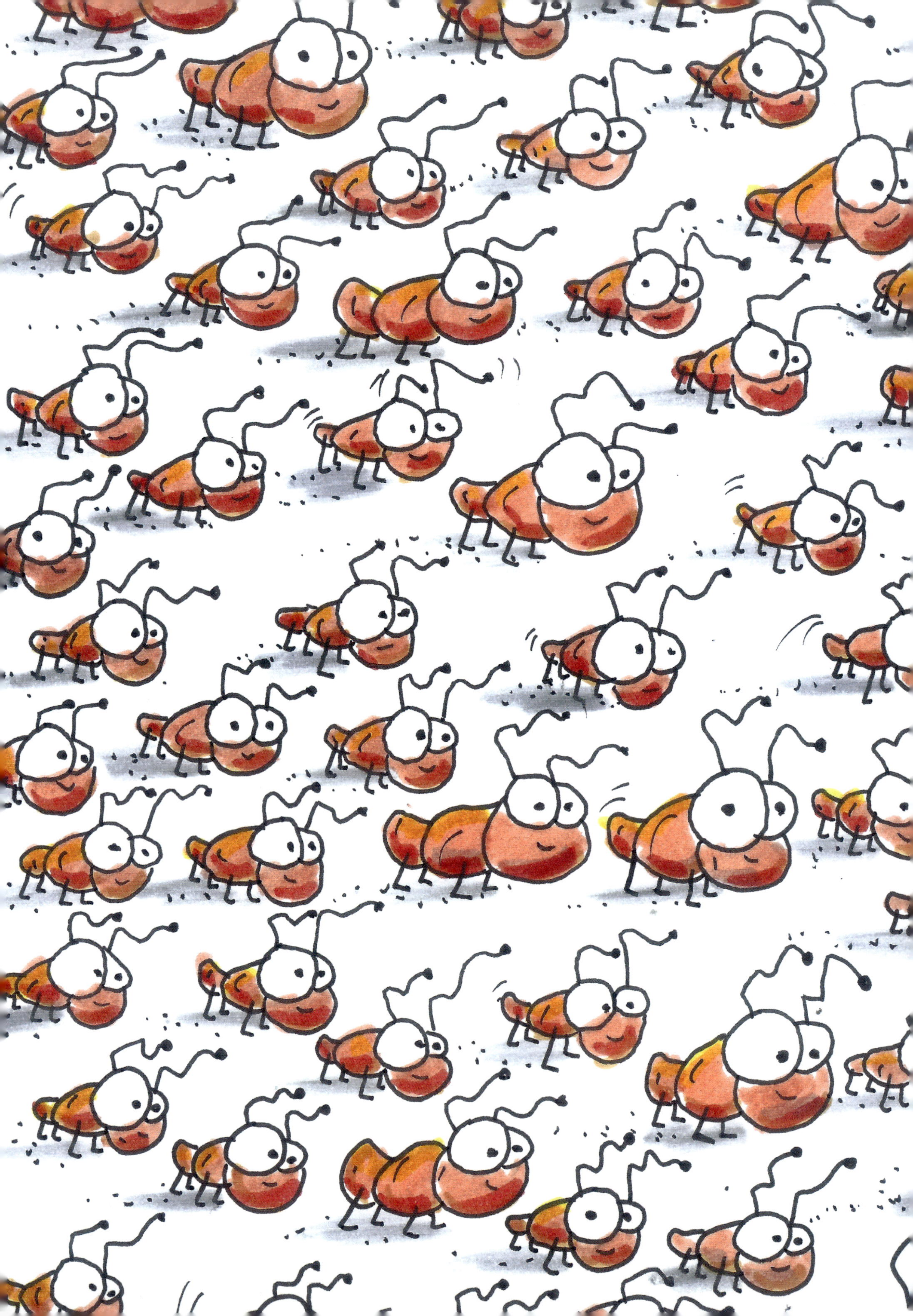

FORMIGUINHAS

Formigas, não!
Formiguinhas.
Pequenas, porém muitas,
como ervas daninhas.

Caminham sempre
em fila indiana.
Muitas, muitas, muitas...
para deixar a gente insana.

Formiguinhas.
Em toda parte estão.
Na banheira, na cama
e até no fogão.

Estão sempre em grupo,
lembram até uma trupe.
Aparecem do nada.
Parece um truque.

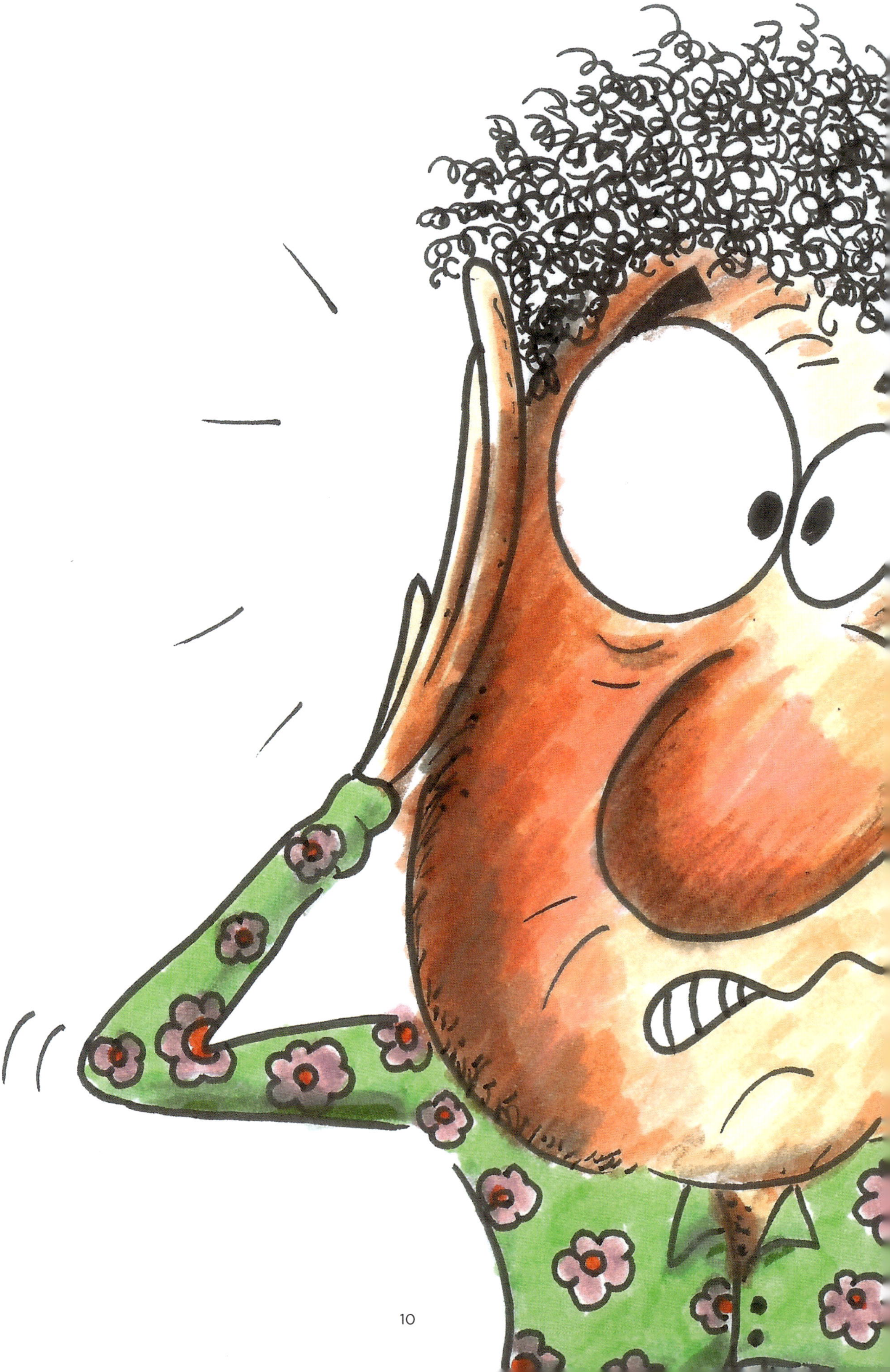

QUE BARULHO!

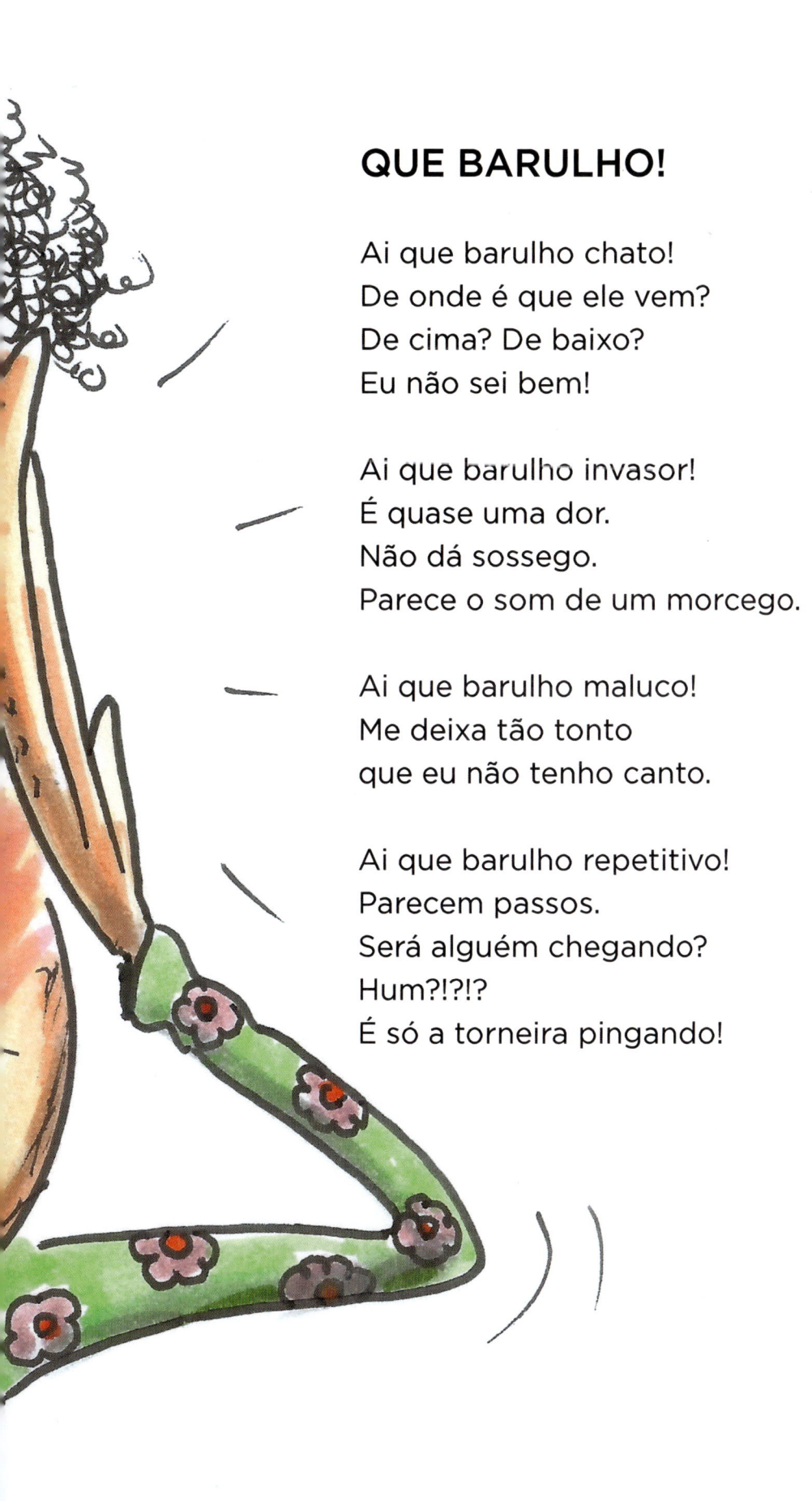

Ai que barulho chato!
De onde é que ele vem?
De cima? De baixo?
Eu não sei bem!

Ai que barulho invasor!
É quase uma dor.
Não dá sossego.
Parece o som de um morcego.

Ai que barulho maluco!
Me deixa tão tonto
que eu não tenho canto.

Ai que barulho repetitivo!
Parecem passos.
Será alguém chegando?
Hum?!?!?
É só a torneira pingando!

DA COZINHA

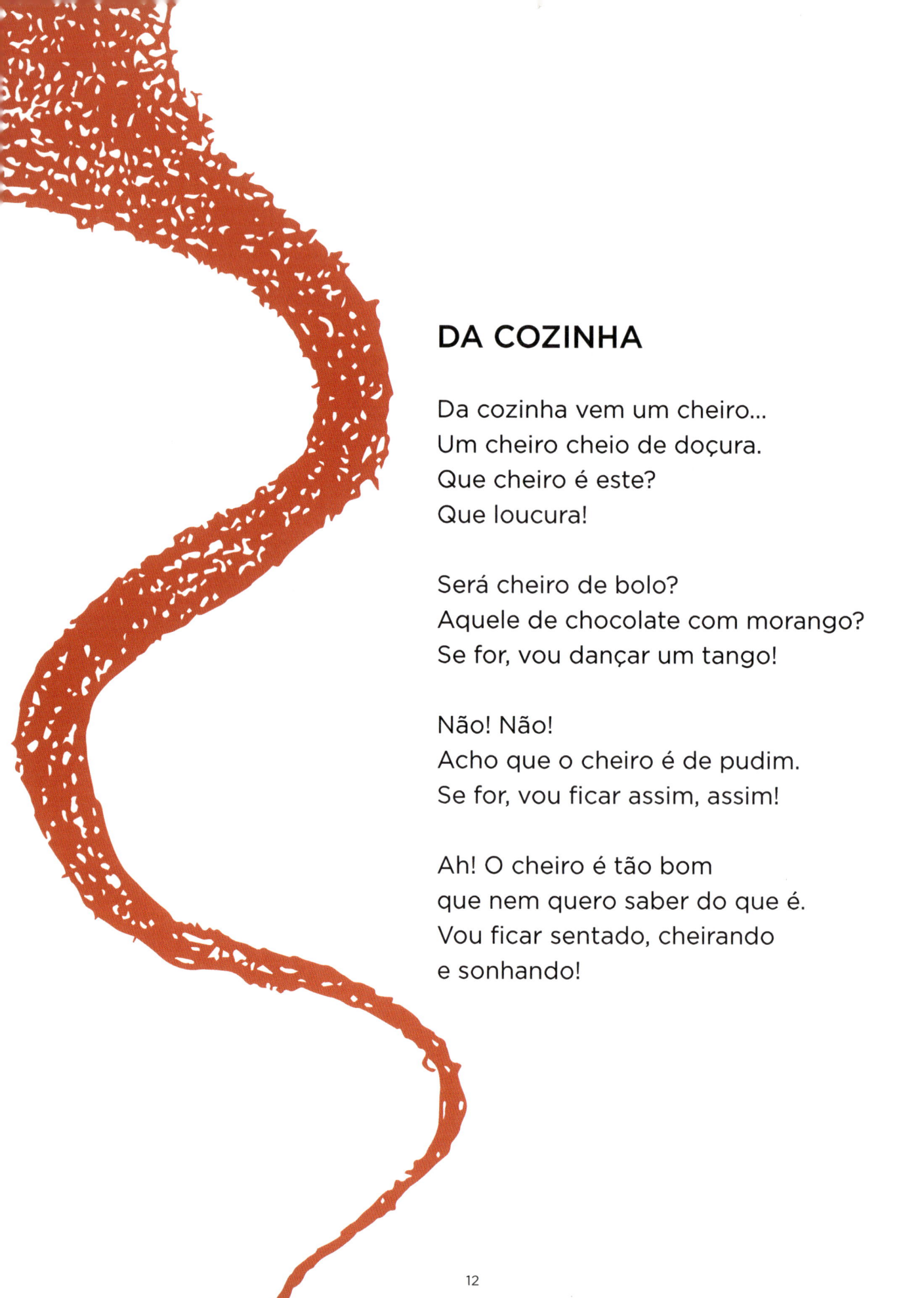

Da cozinha vem um cheiro...
Um cheiro cheio de doçura.
Que cheiro é este?
Que loucura!

Será cheiro de bolo?
Aquele de chocolate com morango?
Se for, vou dançar um tango!

Não! Não!
Acho que o cheiro é de pudim.
Se for, vou ficar assim, assim!

Ah! O cheiro é tão bom
que nem quero saber do que é.
Vou ficar sentado, cheirando
e sonhando!

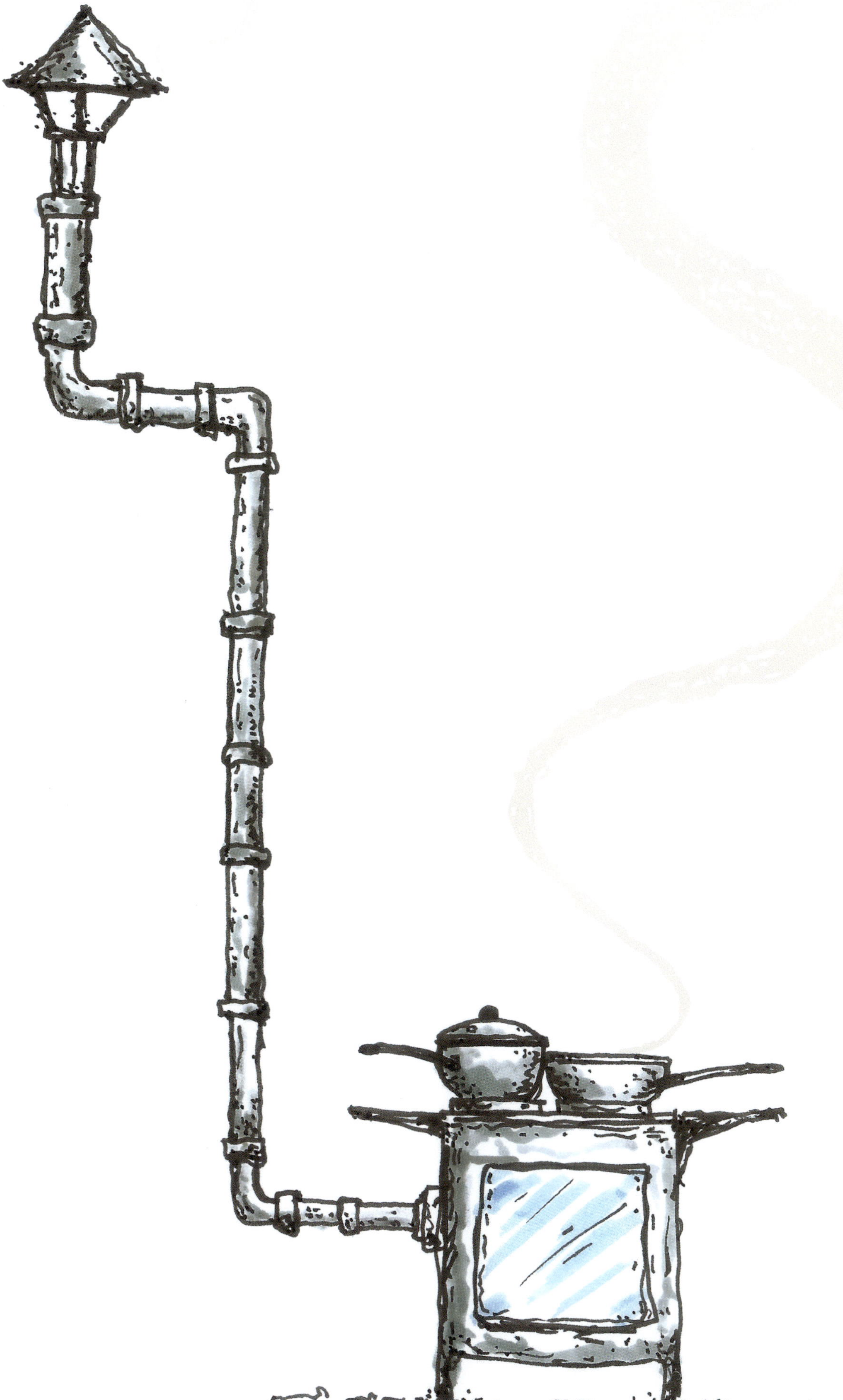

ATRÁS DA PORTA

Atrás da porta é o lado de dentro
para quem está do lado de fora.
E para quem está lá dentro?
Dentro é fora ou fora é dentro?

Atrás da porta,
não sei o que acontece.
Penso e invento
o que na minha imaginação aparece.

O que pensa
quem está lá dentro?
Pensa e inventa
que quem está fora
não sabe o que está lá dentro.

Fora ou dentro,
dentro ou fora.
Isto não importa,
pois o que separa é apenas uma porta.

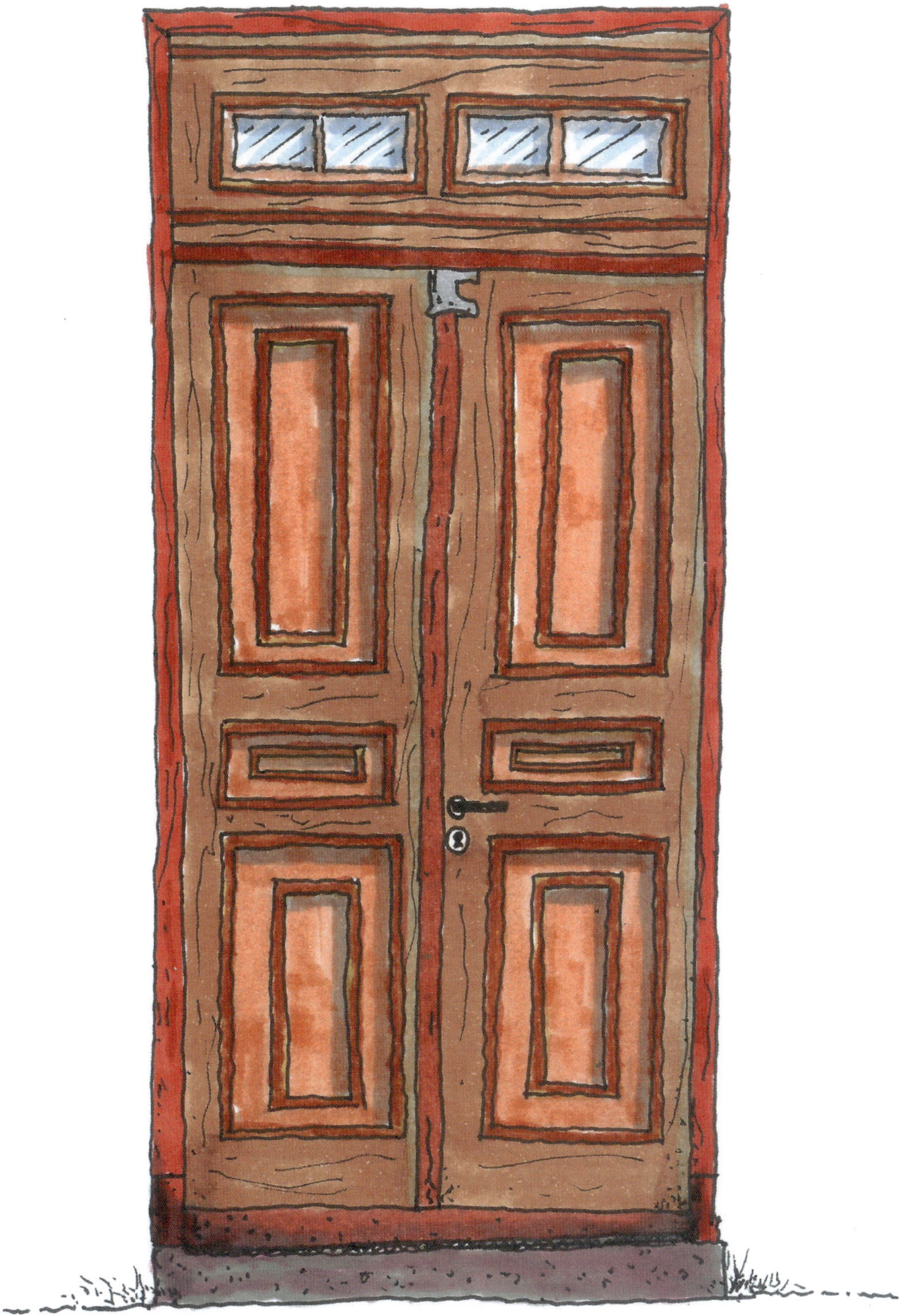

A ÁGUA DA TORNEIRA

De onde vem a água da torneira?
Aquela da pia da cozinha
e a da banheira?

Será que ela nasce
na parede?
Ai que sede!

Será que vem da chuva?
É... pode ser...
Mas e quando não chove?
Ah! Isto não sei dizer...

Será que vem de caminhão...
ou será de garrafão?
Ah! Isto eu não sei não!

Chega de brincadeira!
Vou de novo perguntar:
– Como a água chega na torneira?
Se não me engano,
vem pelo cano.

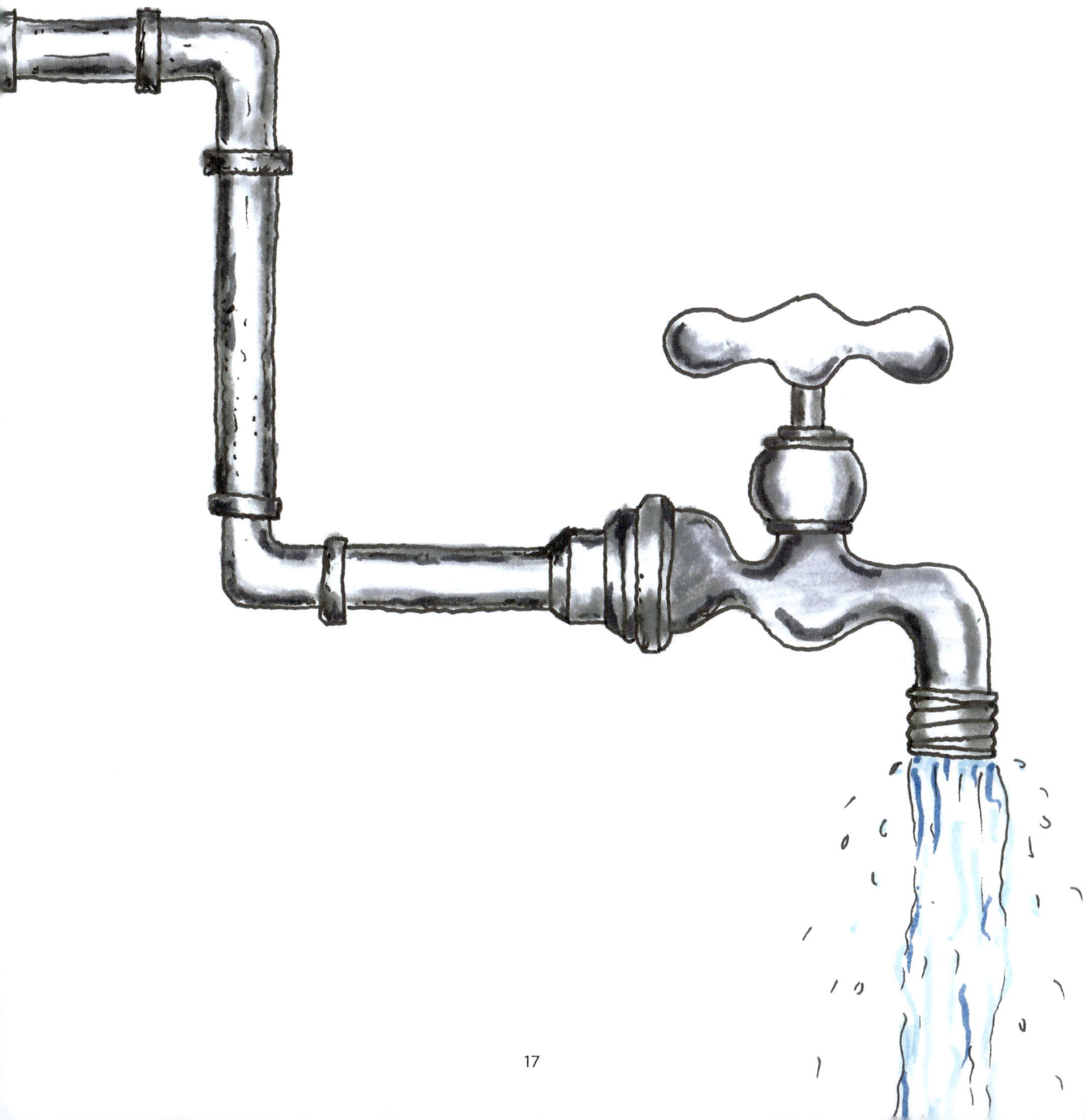

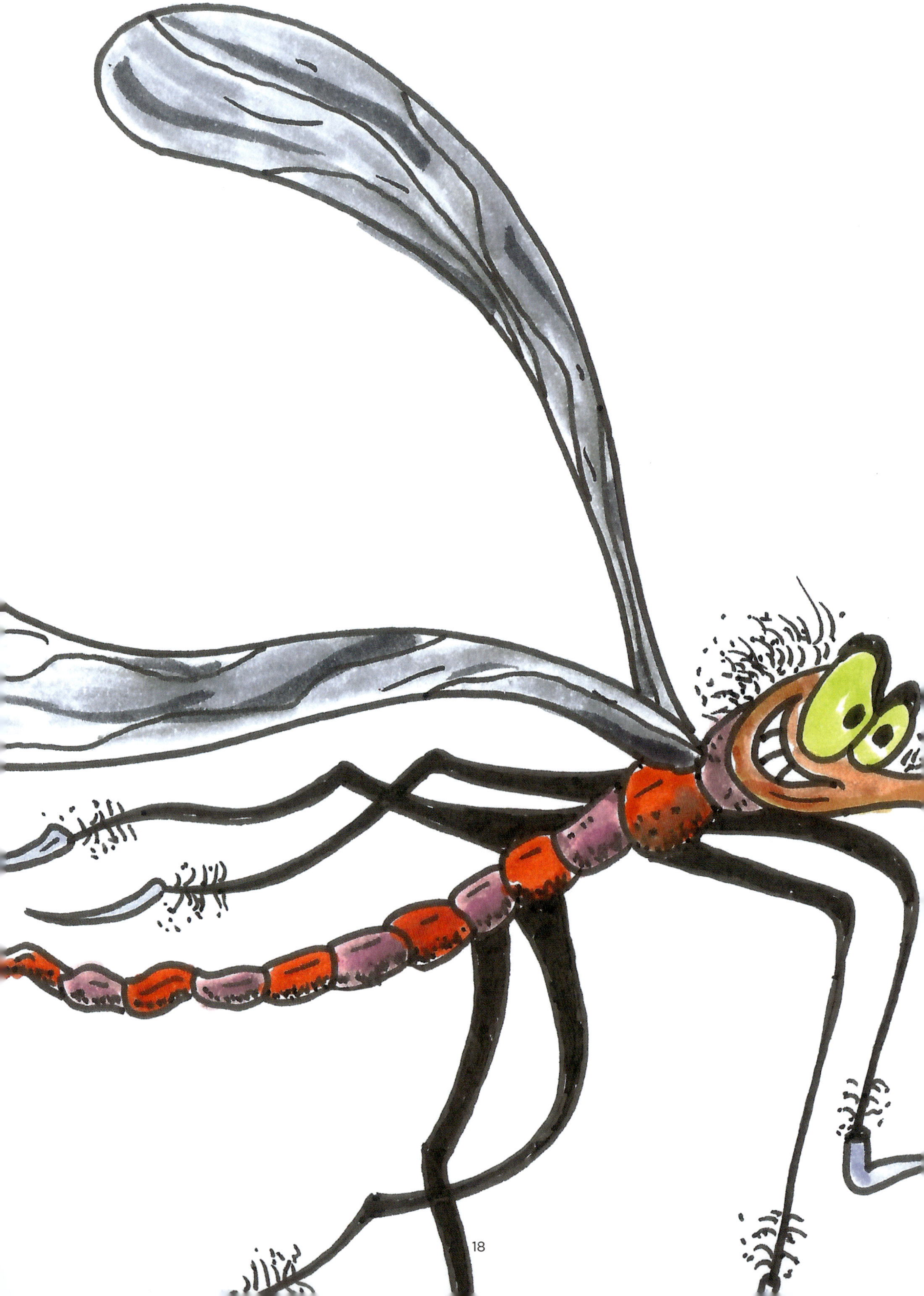

UM PERNILONGO

Tem um pernilongo
que não me deixa dormir.
Sobrevoa o meu ouvido
para me picar e depois fugir.

Que pernilongo
impertinente!
Fica só incomodando a gente.

Ele é um bicho estranho.
Olha só o seu tamanho.
Pequeno, faz um barulhão,
imagine se ele fosse grandão.

O tempo passa,
o que era noite virou dia.
O zumbido continua intenso.
Quando vai acabar esta agonia?

Não é que peguei no sono?
O bandido foi embora para outras bandas.
Pegou um caminho direto, reto.
Assim é a vida do inseto.

O TELEFONE

O telefone tocou.
Quem era?
Não sei, desligou.
Mas você não perguntou?
Não, achei que conhecia
aquela voz...
Então, era algum de nós?
Não. Parecia aquele seu amigo.
Qual? Aquele que se parece comigo?
Não. Aquele alto.
Qual? Aquele que escapou do assalto?
Não. Aquele esperto.
Qual? Aquele que acha tudo certo?

Trim... trim... trim
Alô!
É ele?
Sim! sim! sim!
Com quem deseja falar?
Com o Herculano.
Aqui não tem nenhum Herculano.
Desculpe, foi engano!

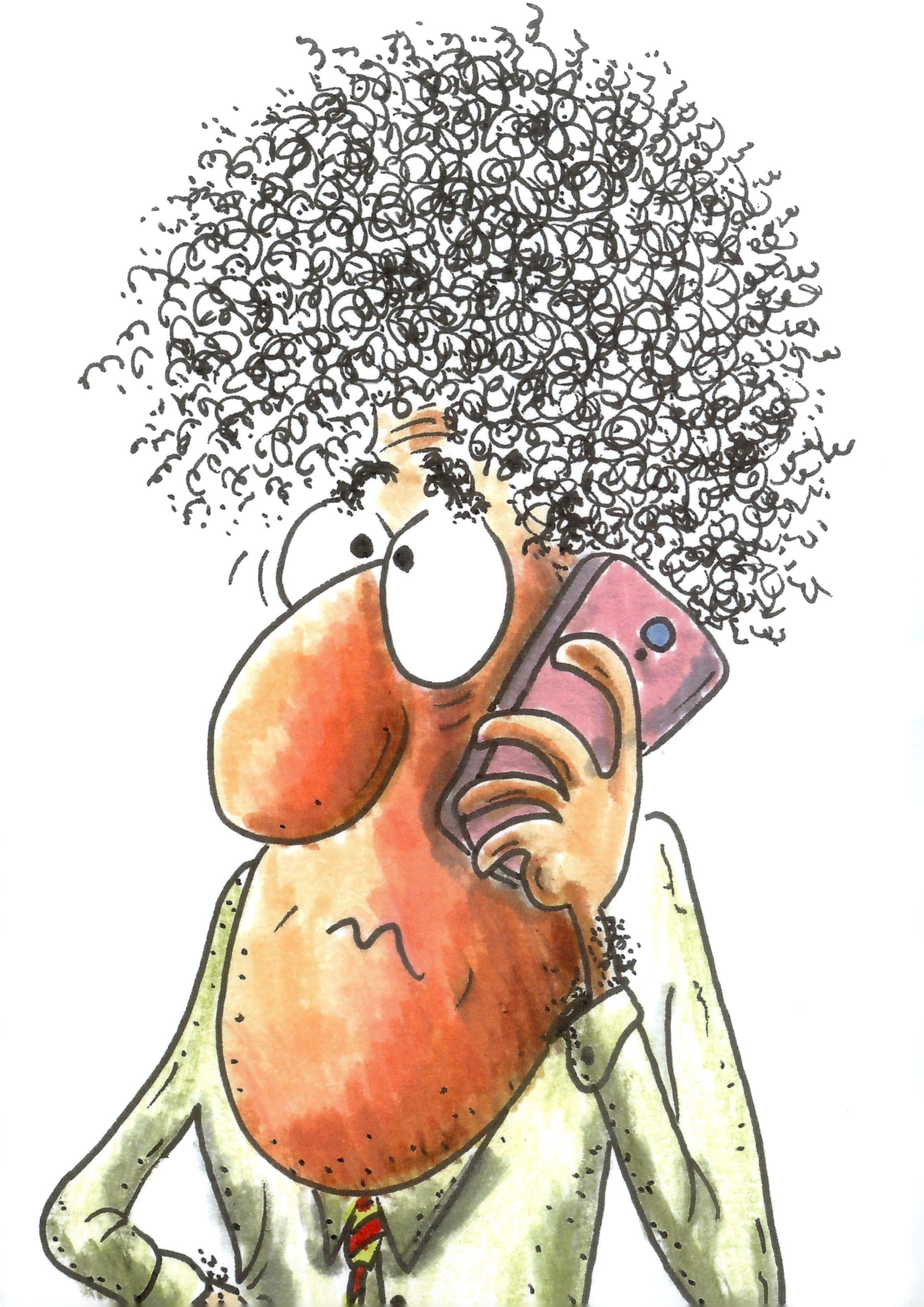

COISAS

Liquidificador,
computador,
grampeador,
secador.

Fogão,
sabão,
macarrão,
televisão.

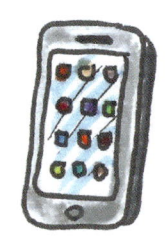

Calculadora,
cenoura,
impressora,
vassoura.

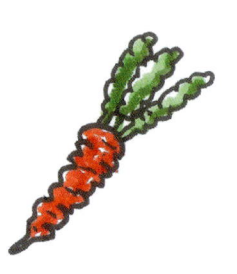

Telefone,
interfone,
canelone,
torrone.

Cadeira,
batedeira,
frigideira,
carteira.

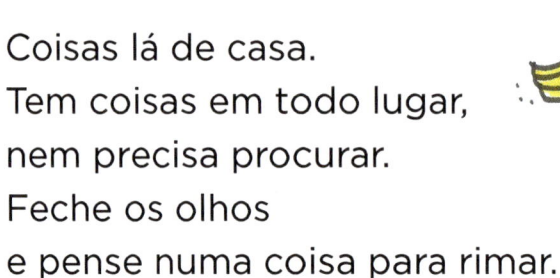

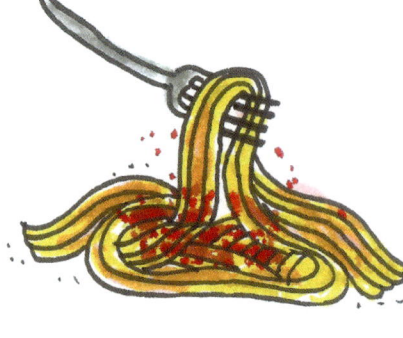

Coisas lá de casa.
Tem coisas em todo lugar,
nem precisa procurar.
Feche os olhos
e pense numa coisa para rimar.

23

LÁ EM CASA

Na minha casa, tudo ajuda
a minha memória.
Até as paredes
têm história.

Tudo fica mais aconchegante
quando volto para casa.
Fico feliz num instante.

Na minha casa, deve ter tudo
que nas outras casas tem.
Mas é que as coisas lá de casa
são um pedacinho de mim também.

Na minha casa, gosto de escrever,
desenhar, sonhar e ler.
Este livro, eu fiz assim:
lá em casa, no quarto,
com uma caneta. Só isso. Fim!

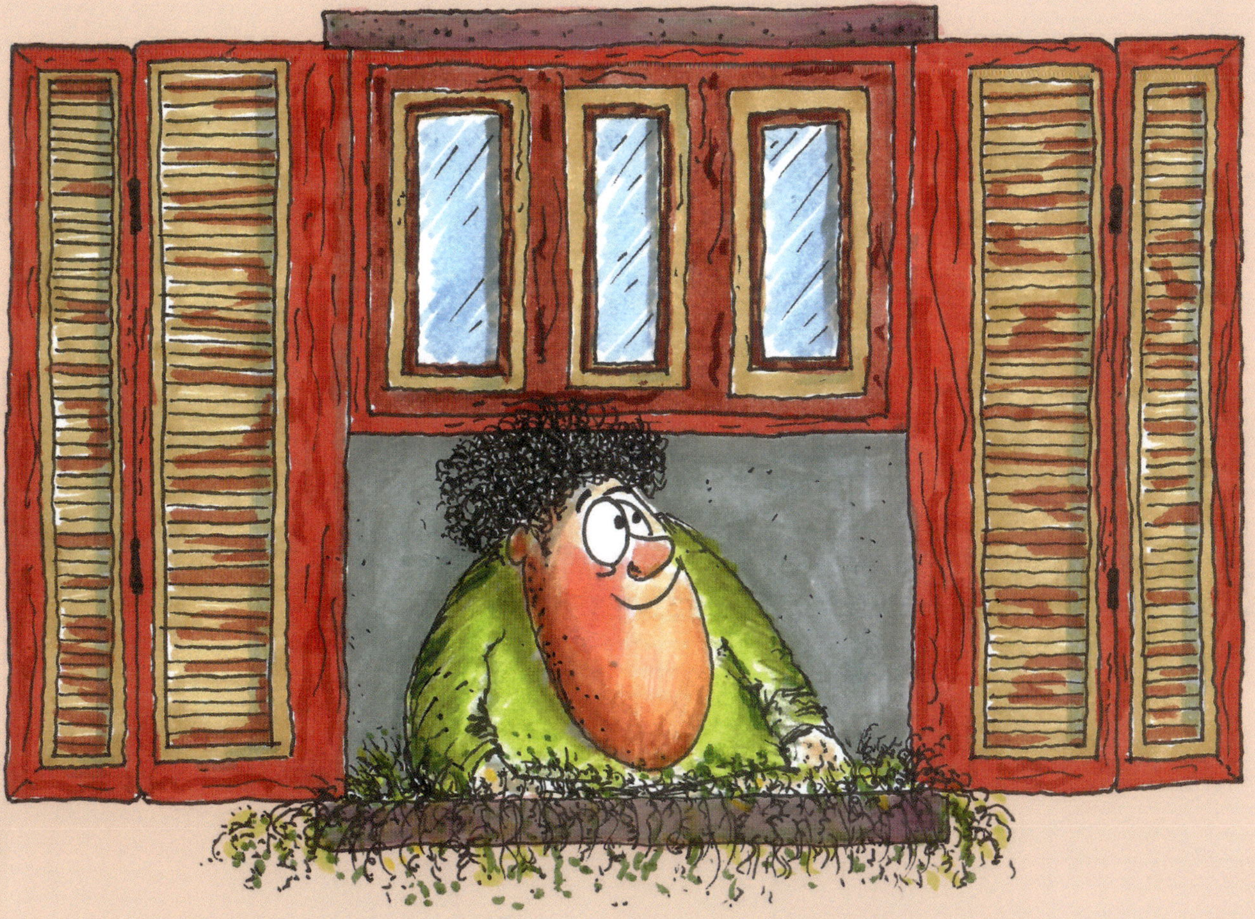

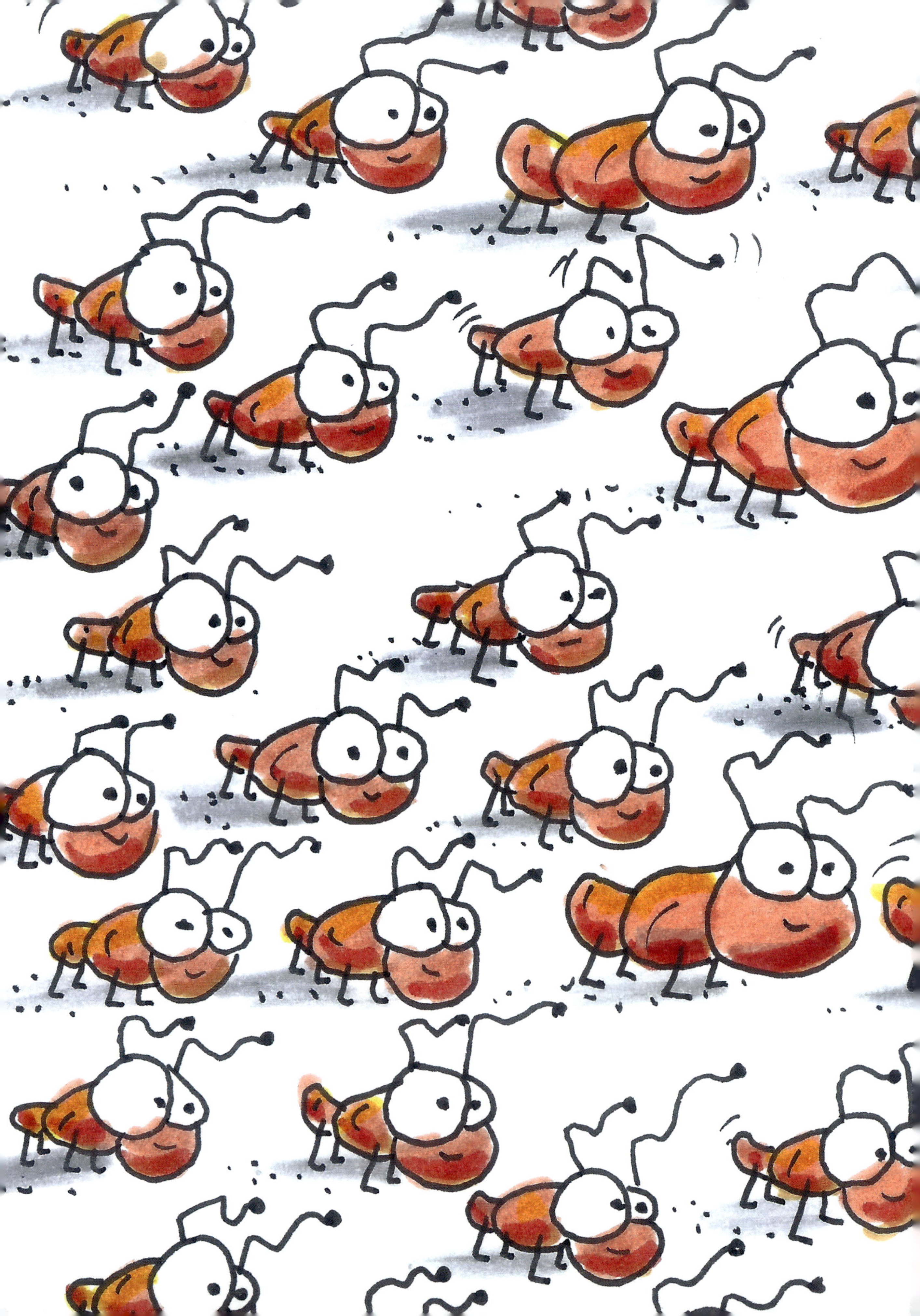

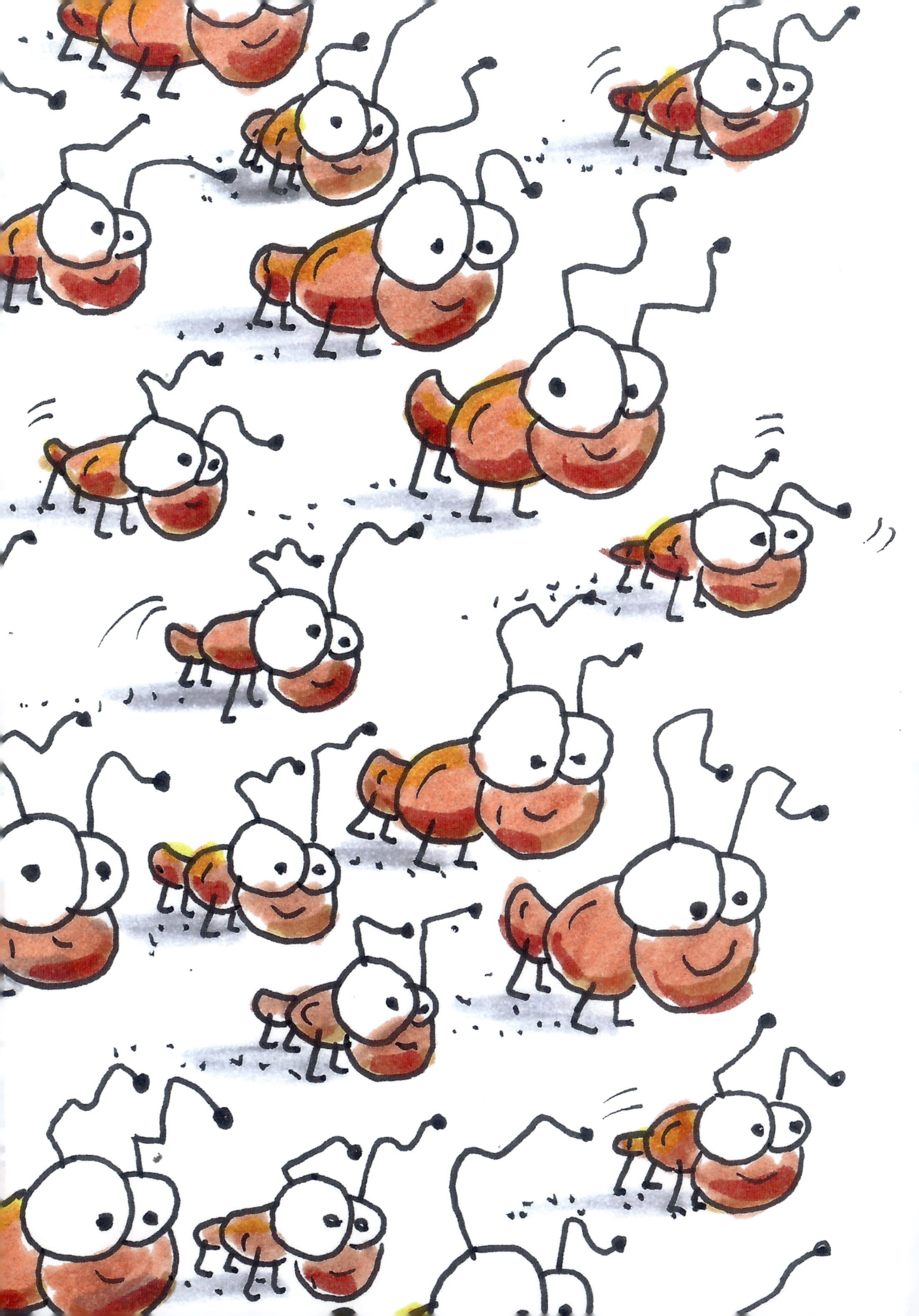

IVO MINKOVICIUS

Nasceu em São Paulo em 1965.
Estudou na Faculdade de Arquitetura e Urbanismo da
Universidade de São Paulo e, como gosta de desenhar,
se tornou artista gráfico e ilustrador,
com ênfase na área educacional e infantojuvenil.

Ele trabalha em casa há muitos anos.
E passa tanto tempo ali que provavelmente
este deve ser o motivo que o inspirou a escrever este livro.